Ciclo de vida de
El pollo

Angela Royston

Traducción de Patricia Abello

Heinemann Library
Chicago, Illinois

Customer Service 888-454-2279
Visit our website at www.heinemannlibrary.com

Designed by Celia Floyd
Illustrations by Alan Fraser
Printed and bound in the United States by Lake Book Manufacturing, Inc.

07 06 05 04 03
10 9 8 7 6 5 4 3 2 1

Library of Congress Cataloging-in-Publication Data
Royston, Angela.
[Life cycle of a chicken. Spanish]
Ciclo de vida de el pollo / Angela Royston ; traducción de Patricia Abello.
p. cm.
Summary: Introduces the mating, hatching, life cycle, eating, predators, and life span of chickens.
Includes bibliographical references (p.) and index.
ISBN 1-4034-3017-9 (HC), 1-4034-3040-3 (pbk.)
1. Chickens—Juvenile literature. [1. Chickens. 2. Spanish language Materials.] I. Title.

SF487.5 .R6818 2003
636.5—dc21

2002038811

Acknowledgments
The author and publishers are grateful to the following for permission to reproduce copyright material: Bruce Coleman/Jane Burton, pp. 9, 12; Heather Angel, p. 8; NHPA/William Paton, p. 24, NHPA/Manfred Danegger, p. 25; Oxford Scientific Films/David Thompson, p. 11, Oxford Scientific Films/Michael Leach, p. 13; Oxford Scientific Films/G. I. Bernard, pp. 26, 27; Photo Researchers Inc./Tim Davis, p. 10; Photo Researchers Inc./Kenneth H. Thomas, pp. 14, 23; Roger Scruton, pp. 4, 5, 6, 7, 15, 16, 17, 18, 19, 20, 21, 22.

Cover photograph Britstock-IFA/Bernd Duke

Every effort has been made to contact copyright holders of any material reproduced in this book. Any omissions will be rectified in subsequent printings if notice is given to the publisher.

Our thanks to Dr Bryan Howard, University of Sheffield, for his comments in the preparation of this edition.

Unas palabras están en negrita, **así.** Encontrarás el significado de esas palabras en el glosario.

Contenido

Así es el pollo

El pollo es un ave. Tiene plumas, alas y **pico.** Cada tipo de pollo tiene plumas de distinto color.

El pollo de este libro es un gallo *Leghorn* blanco. Comenzó la vida dentro de un huevo que puso la gallina, una gallina *Leghorn* blanca.

7 semanas

1 año

La gallina pone los huevos

La mamá gallina pone un huevo en un nido. Cada día pone otro huevo y ahora hay seis huevos en el nido.

La mamá gallina se sienta sobre los huevos para calentarlos. Dentro de cada huevo crece un pollito.

7 semanas

Salida del cascarón

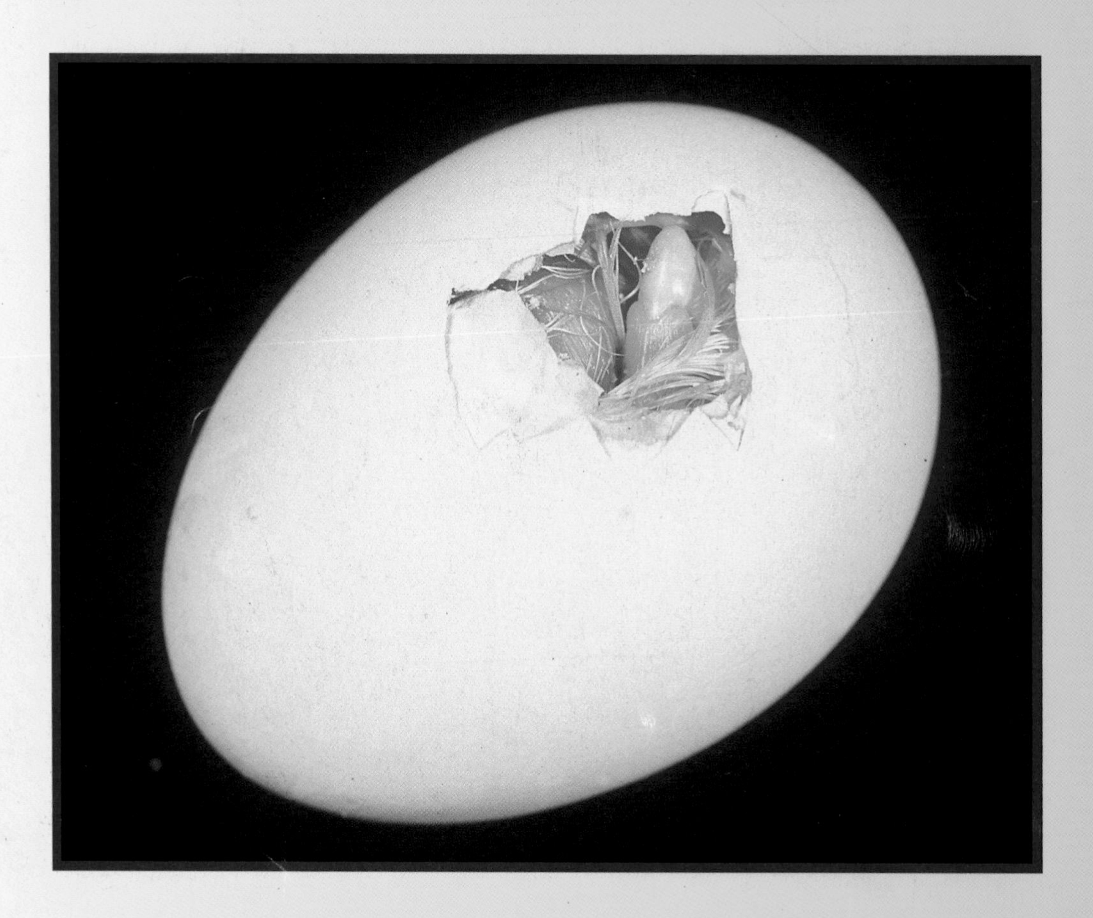

El pollito comienza a salir del cascarón. Con el **pico,** rompe el cascarón.

El pollito pica el cascarón por la mitad. Ahora lo separa con el cuerpo y sale. El pollito está mojado y cansado.

7 semanas

1 año

Pollito

1 día

Muy pronto su suave **plumón** se seca. El pollito se para y mira a su alrededor.

Este pollito también acaba de salir del cascarón. Al poco rato todos los pollitos han salido del cascarón y pían muy fuerte.

4 días

Los pollitos toman agua y buscan semillas en la paja. Se mantienen juntos y siguen a la gallina por todas partes.

¡Este pollito se quedó atrás!
Oye el cacareo de la gallina
y corre detrás de ella.

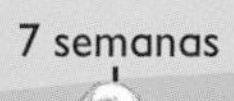

Pollos jóvenes 7 semanas

Los pollitos han crecido, pero todavía se acurrucan bajo las alas de la gallina. Ahora tienen plumas blancas en lugar del **plumón** amarillo.

Huevo

3 semanas

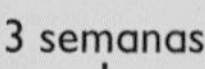

1 día

El gallo tiene plumas largas en la cola y una **cresta** roja en la cabeza.

2 meses

Los pollos se apartan de la gallina y viven en un **gallinero** con las demás gallinas. El gallo voló hasta la cerca para mirar a su alrededor.

Huevo

3 semanas

1 día

Ahora picotea el pasto en busca de semillas y gusanos. Se traga la comida entera. La comida se muele cuando llega a un estómago llamado **molleja.**

7 semanas

5 meses

Los pollos ya casi son adultos. Esta gallina se sienta sobre un ponedero que hay en el gallinero. Cacarea fuerte y después baja del gallinero.

¡Acaba de poner su primer huevo! A partir de ahora pondrá un huevo casi todos los días. Sus huevos no han sido **fertilizados,** así que dentro de los huevos no están creciendo pollitos.

7 semanas

8 meses

El gallo se pasea por el corral. Cuida a varias pollas. Si alguna se aleja, el gallo la hace volver al corral.

El gallo protege de peligros a las gallinas. Si otro gallo se les acerca, lo saca corriendo.

7 semanas

Apareamiento 1 año

Esta gallina está lista para **aparearse.** El gallo se aparea con ella y **fertiliza** sus huevos. La gallina pone los huevos y se sienta a empollarlos.

Huevo

3 semanas

1 día

De los huevos nacen pollitos y hay una nueva **nidada.** La gallina los cuida, pero el gallo también vigila.

7 semanas

1 año

¡Peligro!

Una mañana muy temprano, un zorro se trepa al **gallinero.** Es un depredador. Al principio los pollos no lo ven.

El zorro atrapa una gallina. El gallo y las gallinas cacarean y aletean, pero el zorro huye corriendo del gallinero.

7 semanas

El corral

El gallo vive muy ocupado. Cuida a las gallinas y los pollitos, y de vez en cuando cacarea muy fuerte.

Se quedará en la granja hasta que muera. Si el zorro no lo atrapa, podría vivir hasta 10 años.

Ciclo de vida

Huevos

1

Salida del cascarón

2

Pollito

Pollo joven

4

5

Gallo

Datos de interés

Una gallina pone de 100 a 300 huevos al año, pero no pone más de uno al día.

La cáscara se forma alrededor del huevo dentro del cuerpo de la gallina. El huevo tarda un día en formarse y estar listo para salir.

Los seres humanos han tenido gallinas por más de 3,000 años. Recogen sus huevos para comérselos.

Los pollos son probablemente el ave más común del mundo. Hay más de 10 mil millones de pollos en el mundo.

Glosario

aparearse cuando un macho y una hembra se unen para tener cría

cresta copete rojo que tienen los pollos en la cabeza

fertilizar el huevo de una hembra se fertiliza al unirse con el esperma de un macho

gallinero zona cercada donde viven las gallinas

molleja estómago especial donde se muele la comida antes de pasar al segundo estómago del pollo

nidada grupo de aves que nacen al mismo tiempo

pico punta dura que cubre la boca de un ave

plumón plumas suaves

Más libros para leer

Un lector bilingüe puede ayudarte a leer estos libros:

Back, Christine. *Chicken and Egg*. Parsippany, NJ: Silver Burdett Press. 1991.

Legg, Gerald & Salariya, David. *From Egg to Chicken*. Danbury, CT: Watts, Franklin Inc. 1998.

Stone, Lynn. *Chickens*. Vero Beach, FL: Rourke Corp. 1990.

Índice